[美] 吴军 著

给孩子的人类文明史

U0743142

5

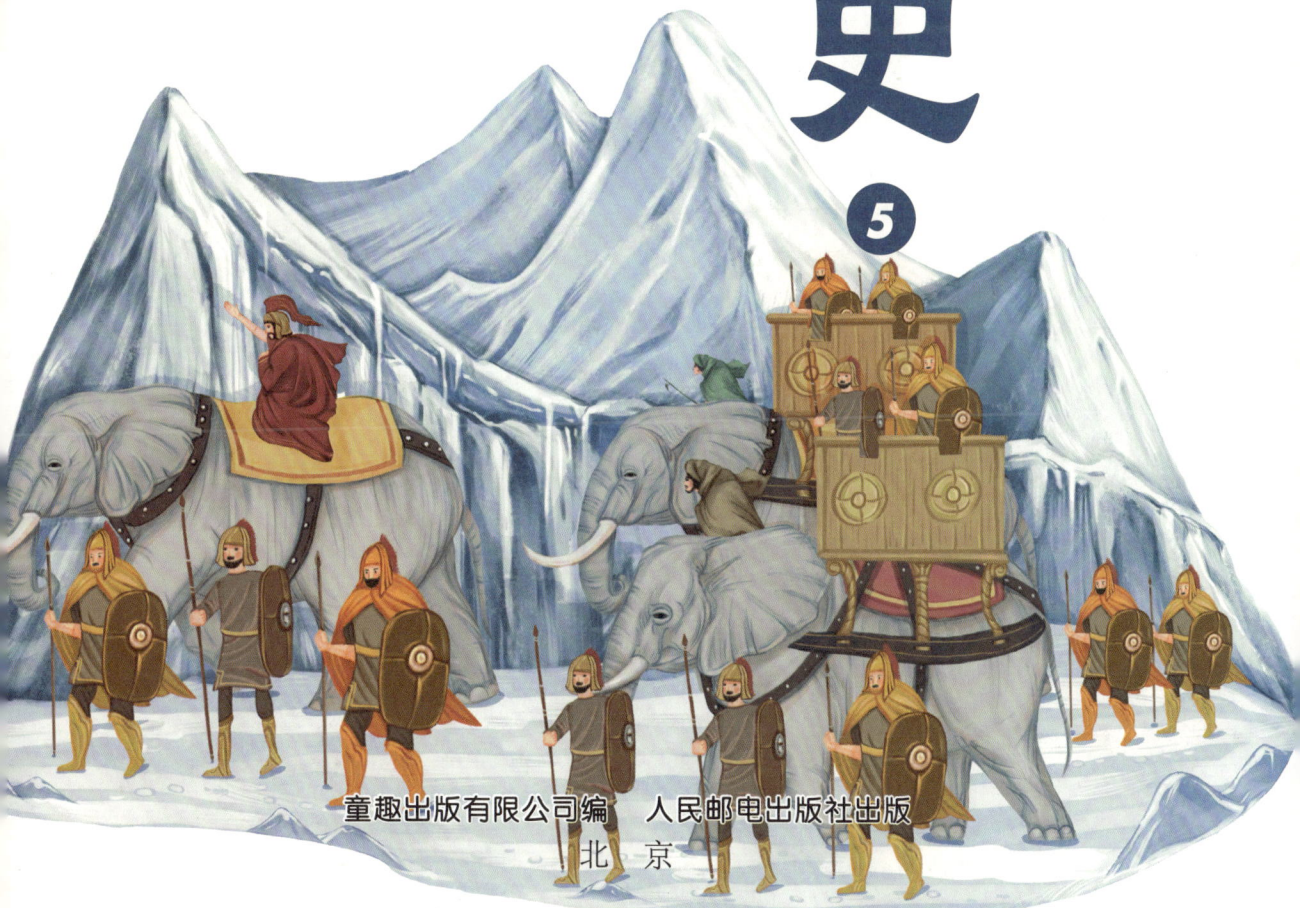

童趣出版有限公司编　人民邮电出版社出版
北京

图书在版编目（CIP）数据

给孩子的人类文明史 . 5 /（美）吴军著；童趣出版
有限公司编 . -- 北京：人民邮电出版社，2023.5
ISBN 978-7-115-60421-7

Ⅰ . ①给… Ⅱ . ①吴… ②童… Ⅲ . ①文化史 – 世界
– 少儿读物 Ⅳ . ① K103-49

中国国家版本馆 CIP 数据核字（2023）第 017094 号

著作权合同登记号　图字：01-2022-4728

著　　　：[美] 吴军
责任编辑：刘玉一　魏　允
责任印制：李晓敏
美术设计：木　春　李新泉

编　　　：童趣出版有限公司
出　　版：人民邮电出版社
地　　址：北京市丰台区成寿寺路 11 号邮电出版大厦（100164）
网　　址：www.childrenfun.com.cn

读者热线：010-81054177
经销电话：010-81054120

印　　刷：鸿博睿特（天津）印刷科技有限公司
开　　本：787×1092　1/16
印　　张：4.25
字　　数：80 千字
版　　次：2023 年 5 月第 1 版　2023 年 5 月第 1 次印刷
书　　号：ISBN 978-7-115-60421-7
定　　价：33.00 元

版权所有，侵权必究。如发现质量问题，请直接联系读者服务部：010-81054177。

前言

古典时代的罗马

　　远在古希腊开始衰微之前，一个受到古希腊文化很大影响的文明——古罗马文明就已经开始兴起了。古罗马从意大利半岛的一个小城邦，逐步崛起并不断扩张，最终形成了一个地跨欧、亚、非的庞大帝国。罗马帝国在最初的 3 个多世纪里，缔造了西方世界的一个文明高峰。

　　古罗马从城邦发展为帝国时，其政体由城邦的君主制走向贵族共同掌权的共和制，最终演化成专制的君主制。同时，古罗马的行政管理和法律也有相应的变化，城市建设和经济也得到了大力发展。在文化方面，古罗马继承了古希腊的哲学成果，推崇斯多葛学派和伊壁鸠鲁学派的学说思想。

目 录

第一章 罗马，从王政到共和国

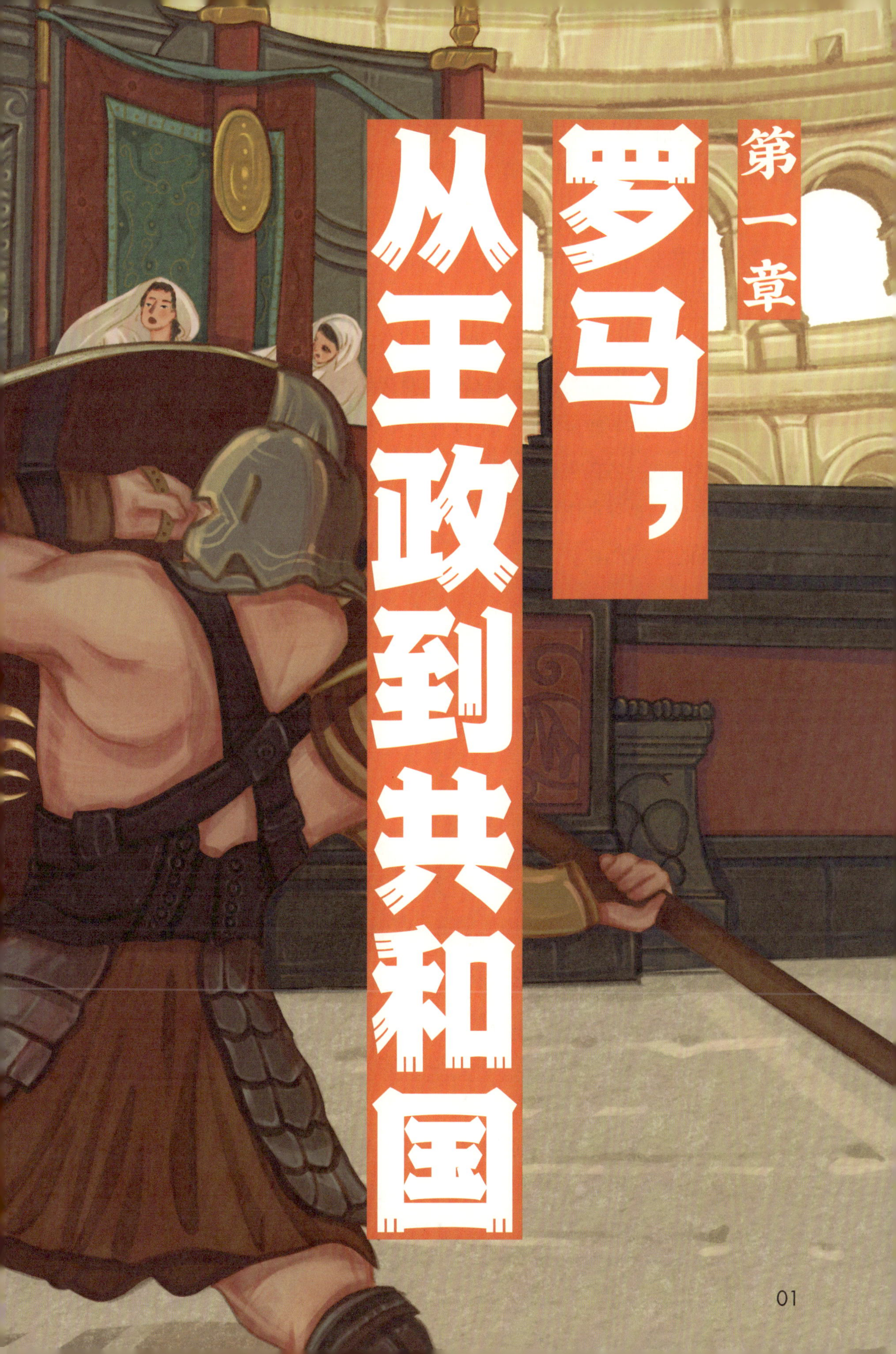

有一句谚语叫"罗马不是一天建成的"，字面意思是建造罗马城不容易。罗马人为了建立一个繁荣的文明付出了长时间的努力。

罗马城于公元前 753 年建成，其后的罗马历史一般被划分为三个时代。

公元前 753—前 509 年，罗马王政时代，国王掌握政权；公元前 509—前 27 年，罗马共和国时代，贵族共同掌权；公元前 27—公元 476 年，罗马帝国时代，皇帝掌握权力（4 世纪末，罗马帝国分裂成西罗马帝国和东罗马帝国。476 年，西罗马帝国灭亡，标志罗马帝国时代结束）。

本章中，我们主要讲罗马的王政时代和共和国时代。在王政时代，罗马人壮大了罗马城，各氏族部落形成了融合；在共和国时代，罗马人统一了整个意大利半岛，对外征服迦太基、希腊地区等，把国家扩张为地跨欧、亚、非三个大洲的世界大国。

罗马的兴起

罗马人从哪里来？

关于罗马人的起源，历史上有很多无法确证的传说，其中有一种说法认为罗马人的祖先是特洛伊人。

不过，历史学家大多认为罗马人和特洛伊人没有太大的联系，他们的祖先实际上来自印欧语部落。公元前 2000 年左右，印欧语部落越过阿尔卑斯山，抵达自然环境比较优越的意大利半岛（又称亚平宁半岛）。意大利正是古罗马文明的发祥地。

印欧语部落陆续占据意大利半岛的大部分地区，后来部落使用的语言逐渐分化成了三支，其中两支分布较广：奥斯坎－翁布里亚语族和拉丁语族。使用前者的有翁布里亚人、萨宾人等，使用后者的有拉丁人等。罗马人的祖先正是拉丁人中的一支。公元前 8 世纪起，伊特鲁里亚人、希腊人、高卢人也进入了意大利。

伊特鲁里亚文明

公元前5世纪以前,伊特鲁里亚人拥有着意大利半岛上的最高文明,他们向希腊人借鉴了文字,从此有了书写系统。他们还将希腊字母传授给罗马人,经过传播和演变,形成了罗马人使用的拉丁字母。后来,罗马人所在的部落逐渐壮大,拉丁字母也就成为所有罗马人通用的文字。随着罗马疆土扩张,拉丁字母在上千年中一直是欧洲的主流文字。

从公元前7世纪起,伊特鲁里亚人的手工业迅速发展,特别是制陶和金属加工技术相当进步,并且伊特鲁里亚人有着庞大的船队,能利用地中海进行海上贸易。他们的建筑和生活方式都是古罗马文明的重要元素。

公元前5世纪左右,伊特鲁里亚人在战争中败给了希腊人。与此同时,他们的家园遭到了其他意大利居民和高卢人的侵犯,伊特鲁里亚文明也逐渐走向衰落。

▲ 伊特鲁里亚母子雕像

罗马王政时代

根据罗马传说，孪生兄弟罗慕路斯和勒穆斯是创建罗马城的功臣，他们后来争着当首领，自相残杀。公元前753年，罗马城建成，罗慕路斯登上王位。

当时，罗马城人口数量有限，罗慕路斯派人抢掠邻邦萨宾人的妇女，以图增加本地人口。萨宾人自然不肯放过罗马人，两方多次爆发战争。而战争最后是由那些女性受害者平息的，萨宾妇女们被迫生下罗马人的孩子，两个部落的人们也就成了亲戚，双方的融合成为无法改变的事实。

关于罗慕路斯和勒穆斯的身份，有些学者认为他们只是传说故事中的人物，并不是真实的历史人物；还有

▲ 伊特鲁里亚神庙

▲ 根据罗马传说，罗慕路斯和勒穆斯由母狼喂养长大

一些学者认为罗马的确有一处名为"罗慕路斯墙"的遗址，所以兄弟俩应该是历史上存在过的人物。不管怎样，自公元前753年开始，罗马人有了"国王"，罗马步入王政时代。

在王政时代，有7位国王先后统治罗马，他们分别是上文提到的罗慕路斯（拉丁人）、努玛（萨宾人）、

▼萨宾妇女

图努斯（拉丁人）、安库斯（萨宾人）、老塔克文（伊特鲁里亚人）、塞尔维乌斯（伊特鲁里亚人）、小塔克文（伊特鲁里亚人）。

早期罗马发展水平有限，王政时代的前几位国王更像是部落联盟的首领，而不是严格意义上的国王。

一直到了第五位国王老塔克文，他很有作为，对外开拓疆土，对内修建公共建筑和设施，从而在罗马建立了统治，即塔克文王朝。此后，国王的权力不断扩大，地位日益提高，有了体现国家权力的性质。

在王政时代，罗马国王、库里亚大会和元老院各有一定的权力，他们共同管理国家。当国王的影响力越来越大时，库里亚大会和元老院的权力、地位会相应地受到限制。

▲罗慕路斯

▲努玛

▲图努斯

▲安库斯

▲老塔克文

▲塞尔维乌斯

▲小塔克文

库里亚大会和元老院

库里亚大会和元老院是王政时代两个重要管理机构。库里亚大会一般由全体氏族成年男子参加，有权选举高级公职人员、宣布战争、通过或否决新法案、终审重大案件等；元老院最初为长老议事会，是国王的咨询机构，在国王决策和处理内外事务中发挥顾问作用。

从氏族社会到阶级社会

各氏族部落刚刚融合时，彼此之间还是有所区分的，他们只服从自己人的领导。后来，国王塞尔维乌斯实施了一系列改革，使得罗马社会制度发生了改变：以地域和财产原则来划分、组织和管理所属居民的阶级社会制度，取代了氏族制度。也就是说，塞尔维乌斯改革之后，罗马从氏族社会走向了阶级社会。

塞尔维乌斯是如何实施改革的呢？

早在他上任之前，罗马社会已经分化成了3个阶层，也就是贵族、平民和失去自由的奴隶。在这3个阶层的基础之上，塞尔维乌斯按照财富水平把奴隶以外的自由民分为6个等级。

等级并非只是头衔称号，而是直接与国家对外战争挂钩，每一等级都要为战争做出相应的贡献。第一等级最富有，提供的百人队数目也相应最多。当时，罗马一共组建了193个百人队（又称森都里亚），其中一多半都归第一等级所有。

在塞尔维乌斯的安排下，每个百人队都推举出一名代表，组建了名为森都里亚大会（又称百人队大会）的政治权力机构。这个机构在一定程度上获得了库里亚大会的部分职权，拥有选举、对外宣布战争等权力，能够影响到国王的决策。第一等级组建的百人队最多，所以替他们发表意见的大会成员也就相当多。这么一来，第一等级就可以间接地左右罗马的大事了。

塞尔维乌斯之后，老塔克文的儿子小塔克文登上王位。相传小塔克文是个暴君，治国能力远不如前几位国王。公元前 509 年，小塔克文的暴政引发了一场民众起义，他和自己的整个家族都被赶出了罗马。

罗马人赶走了自己的国王，接下来要听从谁的指挥呢？

人们推选贵族人士科拉提努斯和布鲁图斯担任执政官，他们两人共同处理国家的日常事务。

就这样，罗马从城邦的君主制走向了贵族共同掌权的共和制。公元前 509 年，王政时代宣告结束，共和国时代从此开始。

▲ 王政时代的罗马士兵

▲ 科拉提努斯和布鲁图斯

罗马共和国的政治和法律

罗马共和国的政治

罗马共和国时代从公元前 509 年开始，一直持续到公元前 27 年。在这一时期，罗马的政治机构和行政官主要有元老院、执政官、森都里亚大会和保民官。

元老院

元老院由 300 名贵族组成。元老院成员负责辅佐执政官管理国家，但并不是事事都过问。元老院拥有批准法案、统辖行省等多种权力。此外，元老为终身职，享有威望，地位显赫。

▲元老院成员

执政官

执政官共有两名，他们原本是元老院的贵族成员，受森都里亚大会的群众推举而上任。执政官的在位时间最长为 1 年，无法拥有国王那样的终身王权。

国家遇到非常情况时（通常是战争），元老院会宣布国家进入紧急状态，由执政官宣布任命一名独裁官。顾名思义，独裁官能够独自裁决大小事务，拥有至高无上的权力。独裁官的在位期限更加短暂，只有 6 个月。

森都里亚大会

森都里亚大会依靠投票的权力影响执政官和元老院的决策。百人队中既有贵族，也有平民，所以森都里亚大会的成员也是如此。

当一项事务需要森都里亚大会表决意见时，大会以百人队为单位进行投票表决，而富有公民掌握多数票，于是他们便控制了大会。

▼执政官与保民官

保民官

提及保民官，我们首先要对罗马贵族和平民之间的关系有所认识。

在共和国时代，罗马人不是在抵御外敌入侵，就是在发动对外战争，经济发展总是受到种种因素的影响。贵族不愿损失利益，于是用更高的赋税对平民实施压迫和剥削，导致双方的矛盾越来越深。共和国早期，罗马人重视血统，贵族和平民之间禁止通婚，所以双方在亲缘上没有太紧密的关联，发生冲突时也是针锋相对。

传说公元前 5 世纪早期，罗马平民对贵族的欺压忍无可忍，干脆集体出走。他们离开罗马城，来到附近的山丘上，打算另外建造一座城市。

平民的确有能力建造一座新的城市，但贵族没办法再找来一批服从压迫的平民。假如城市里没有平民，就没有人来抵御外敌，贵族甚至连吃穿住用都是问题。于是，贵族为缓和双方矛盾做出了让步，准许平民拥有替自己伸张正义的官员，也就是"保民官"。

保民官有权否决执政官与元老院提出的对平民不利的决议。保民官每年一选，初为 2 人，后增加到 6 人，最后发展到 10 人。

贵族和平民之间的矛盾并没有完全消失，不过双方至少建立了解决问题、缓和矛盾的通道。

《十二铜表法》

罗马的平民虽然拥有了保民官，但依然面临着各种压迫，他们后来还采取一系列斗争手段，迫使贵族做出让步。

罗马平民在反对贵族的斗争中，刚开始争取到了保民官参政的机会，后来又使得罗马颁布了法典《十二铜表法》。

早在罗马建成之初，人们通常根据风俗和习惯来解决纠纷，惩治罪犯。但是，风俗和习惯没有形成明确的法典，贵族经常会利用自己的权力及地位欺压平民。

为了限制贵族滥用职权，平民要求制定成文法典。平民经过一番斗争，迫使罗马政府创建了负责制定法典的十人委员会，希望用法律条文来明确彼此的做事规则，避免阶层冲突。公元前 450 年左右，罗马颁布了其历史上第一部成文法典。

传说十人委员会成员认为铜是最坚固的金属，于是罗马人将法典

刻在了铜板上，又在广场的公告墙上公开展示法典。由于铜板共有 12 张，因此当时大家就把这部法典称作《十二铜表法》。

成文法典的出现，标志着罗马步入更加文明的时代。

《十二铜表法》用法律条文明确了人们做事的准则，在一定程度上限制了贵族的行为，保护了平民的生命安全和财产安全。

在《十二铜表法》以后，罗马人又陆续颁布了多部法典。6 世纪，查士丁尼皇帝在位期间颁布了《查士丁尼法典》等重要的法律法规，这些法律法规后与其他法学著作被汇编为《罗马民法大全》。从罗马建国到《罗马民法大全》问世之间的各项法律都被称作"罗马法"。

需要注意的是，人们提到罗马法的时候，指的不是罗马的某一部法典，而是罗马的一系列法典和法律文件。

罗马法不是某个统治者通过短时间思考形成的结果，而是众多罗马人经过长期研究、彼此磨合后得到的成果。因此，罗马法有着极大的价值和意义。

随着罗马法的不断完善，罗马逐渐依靠更为合理的规章制度来实现发展，无形中为称霸地中海地区创造了条件。

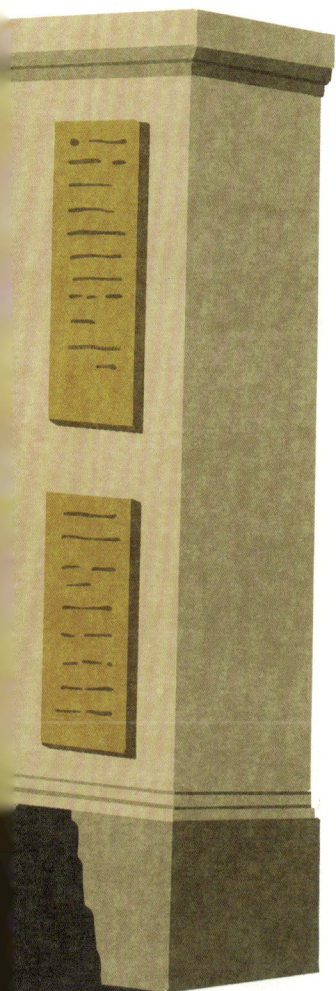

▲《十二铜表法》

罗马的司法

现代人遇到难以解决的纠纷时，通常会选择去法院提起诉讼（指司法机关在案件当事人和其他有关人员的参与下，按照法定程序解决案件时所进行的活动）。你知道法庭中有哪些工作人员吗？他们的职务是怎么出现的呢？实际上，罗马人不仅颁布了当时比较先进的法典，还创造了许多法庭中的职位。

展开具体讲述之前，我们首先需要了解两个有关法律工作的概念：第一，"司法"指的是相关机关按程序运用法律处理案件；第二，以法官为主的法院工作人员被统称为"司法人员"。

罗马司法的发展主要经历了三个阶段。

第一阶段，法官的诞生。

罗马早期法庭中的法官不是一个人，而是一群人。公民们用抽签的方式选出多名法官，形成一种类似陪审团的组织。也就是说，法官们平时以其他工作为生，在工作之余去法庭上判决案件，处理纠纷。

　　法官在审判之前不跟案件发生联系，也不进行搜查或调查，而是通过分析纠纷双方提交的证据来做出判决。如果缺少有效证据，他们不会给任何人定罪。

　　第二阶段，设置最高裁判官与建立委员会。

　　有些案件中，双方都没有严重的犯罪行为，可能只是涉及财产纠纷等问题——这类案件一般被称作"民事案件"；另一类案件的性质相对恶劣，比如谋杀，相关罪犯应该受到严厉的惩罚——这类案件一般被称作"刑事案件"。

　　针对民事案件，罗马法庭设置了最高裁判官，也就是权威性最高的大法官。最高裁判官不对案件展开调查，只依照纠纷双方提供的证据来做出判决。

　　针对比较严重的刑事案件，法庭会建立起多人组成的委员会。委员会成员类似于现在的警察，他们搜集案件证据，寻找罪犯，并把可能是罪犯的人交给法官进行审判。

　　第三阶段，出现辩护人、诉讼代理人和律师职业。

　　罗马司法人员的工作变得越来越专业，越来越复杂。久而久之，陷入案件纠纷的人很难凭借自己的能力去应对案件审判中的某些环节。

比方说，案件相关人员需要在法庭上给出详细的解释，如果不熟悉法律知识，他们有可能说出不利于自己的话。

谁能帮助那些陷入案件纠纷的人呢？

熟悉法律的人开始帮助他人在法庭上做解释，于是形成了一种新的职业，也就是辩护人或诉讼代理人。

后来，罗马的法律和司法得到进一步发展。人们必须先在大城市里学习法律，之后才有资格从事辩护人或诉讼代理人的职业。久而久之，罗马出现了律师行业。

▲ 古罗马的庭辩

罗马共和国的扩张

在长达 400 多年的共和国时代，罗马人几乎一直在对外发动战争，不断进行疆土扩张。

罗马疆土的扩张主要分为两个阶段。

第一阶段，罗马和邻近的拉丁城市结盟，形成了拉丁同盟。

邻近的一些拉丁城市的自由民享有罗马公民权，不仅可以在罗马城中定居，还可以跟罗马人通婚。

后来，罗马人陆续打败了意大利半岛上的伊特鲁里亚人、萨莫奈人和一些其他居民。到公元前 3 世纪中叶，整个意大利半岛，除波河流域仍为高卢人所占据以外，其余部分都成了罗马人的属地。

在这一阶段，罗马曾遭遇一次惨重的挫折。公元前 390 年，高卢人占领了罗马城，并在城中烧杀抢掠。罗马人被迫交出一大笔钱，高卢人才撤退。这件事发生以后，罗马人吃一堑，长一智，把发展军事当作最重要的国家事务之一，打造了一支英勇善战的军队。

第二阶段，布匿战争。

罗马在征服意大利半岛后向海外扩张，与西地中海强国迦太基发生冲突，双方之间爆发了三次战争。因为罗马人称迦太基人为"布匿人"，所以这三次战争被统称为"布匿战争"。

▼ 高卢人潜伏进罗马城

17

迦太基

迦太基位于意大利半岛的西南方向，地处非洲北部。约公元前9世纪，一群腓尼基人来这里建造迦太基城，又以城市为中心，发展成国家。

迦太基城地理位置优越，物产丰富，是当时世界上最大的城市之一。

经济

迦太基土地肥沃，农业收成足以养活本地人。在农业劳动者中，少数人是拥有土地的奴隶主，多数人是奴隶。

尽管农业条件优越，但迦太基人更重视商业。他们通常让奴隶种地，自己在外经商赚钱。迦太基人的势力一直影响到地中海一带最大、最重要的三个岛屿——西西里岛、撒丁岛和科西嘉岛，他们在各个岛屿之间发展海洋贸易。迦太基船队来往于各个海港之间，贩卖金属、奢侈品、橄榄油和酒等商品。

政治

迦太基实行寡头政治，真正的掌权者是少数商业贵族，他们不信任外人，甚至对最高行政官员也有所限制，不轻易交出指挥军队的权力。在商业贵族内部，大家各自拥有一些分散的权力，谁都无法独揽大权。

军事

迦太基的商人不愿意亲自上阵打仗，所以组织起一支雇佣兵，也就是花钱雇士兵替他们打仗。迦太基人在战争方面有着明显的优势，他们的海军强大，战舰装备先进。

不过，他们同时也有两方面的劣势：一是权力分散，最高行政官员无法有效地指挥军队；二是雇佣军不是为自己的祖国而战，比起迦太基的存亡，他们更看重自己的利益和生死。

▼ 迦太基城

布匿战争

"没有永远的朋友，也没有永远的敌人，只有永远的利益"，这句话可以用来形容罗马和迦太基之间的关系。利益一致时，双方是朋友，联合起来共同抗敌；利益发生冲突时，双方是敌人，互不相让，战争不止。

早在公元前 6 世纪，迦太基人控制了地中海西部，希腊人控制了地中海东部，双方在西西里岛多次爆发战争。那个时候，罗马力量还比较弱小。罗马人目睹了迦太基人和希腊人之间的冲突，认识到一个问题：希腊人要是征服了迦太基，也许就会踏上附近的意大利半岛。为了避免这种可能，罗马与迦太基结盟，联合起来对付希腊大军。

到了公元前 3 世纪中叶，意大利半岛基本得到统一，罗马成为新崛起的欧洲大国，拥有跟迦太基不相上下的国力。对罗马来说，疆土扩张的下一站是意大利半岛不远处的西西里岛；对迦太基人来说，西西里岛是他们在地中海上极其重要的贸易中心。于是，双方产生了利益冲突。

公元前 264—前 146 年，罗马与迦太基爆发了三次布匿战争。战争初期，罗马人的主要目的是拿下西西里岛，但是打到后来，他们连迦太基也没有放过，控制了西地中海地区。

第一次布匿战争：罗马海军的壮大

第一次布匿战争中，罗马人和迦太基人在陆地和海洋上分别交战。罗马人擅长陆战，迦太基人擅长海战，各有优势和劣势。双方最重要的一场战役是爆发于西西里岛的埃克诺穆斯角海战。

战争之初，罗马军队的海上作战经验有限。不过，罗马士兵都是本国公民，而不是迦太基那样的雇佣军，他们作战积极，敢于冒险。罗马士兵研究并改进了希腊人的海战方法，发明了一种名叫"乌鸦吊桥"的作战装备，迅速扭转了战局。

海战过程中，罗马士兵不急于发起攻击，而是设法靠近敌方军舰。他们一旦找到合适时机，就会飞快地把乌鸦吊桥搭在两艘军舰之间。借助这道吊桥，罗马士兵英勇地登上敌方军舰，把海战变成小型陆战，从而化劣势为优势。这么一来，罗马人虽然不擅长海上作战，但依然在埃克诺穆斯角海战中取得了胜利。

在该次布匿战争中，迦太基人从希腊地区雇来一位名叫克桑提普斯的将军。这位将军是善战的斯巴达人，不仅率领迦太基军队打败罗马军队，还活捉了对方的大将。迦太基人见战况良好，进而派出官员哈米尔卡继续作战。哈米尔卡是一位军事天才，在他的带领下，迦太基多次战胜罗马。

罗马虽然在埃克诺穆斯角海战中取得了胜利，但在进攻迦太基本土时遭到失败，继而又转战西西里岛。公元前 241 年，罗马击败迦太基，迦太基被迫放弃了对西西里岛的控制，还给罗马赔了很多钱，第一次布匿战争就此结束。

不久，迦太基发生雇佣军暴动，罗马趁机发兵，不仅占领了科西嘉岛和撒丁岛，还向迦太基再次索要赔款。

▶ 乌鸦吊桥

第二次布匿战争：迦太基复仇未果

第一次布匿战争结束后，拥有雄心壮志的哈米尔卡离开迦太基，前往西边的伊比利亚半岛自立门户。在那里，他把原本彼此分离的几个贸易殖民地联合起来，一边谋求财富，一边为攻打罗马做准备。

哈米尔卡在伊比利亚半岛获利丰厚，雇用了一批善战的士兵，组建起一支强大的军队，还把自己的儿子培养为军事人才，逐步实施攻击罗马的计划。

哈米尔卡一共有3个儿子，他的大儿子汉尼拔（公元前247—约前183年）尤其出色，率领军队发动了第二次布匿战争。

在先前的战争中，罗马和迦太基的战场在双方的中间点，也就是西西里岛。第二次布匿战争，汉尼拔决定换一个战场，他率军由意大利半岛北部入侵，直捣罗马人的老家。

在那个时代，士兵们的行军条件相当简陋，想在寒冷季节翻越意大利半岛北部的阿尔卑斯山，几乎是不可能实现的壮举。不过就在公元前218年，汉尼拔大军成功做到了这件事。罗马人得知此事大为震惊，他们调动全国军力对战迦太基人，却在几次战役中接连失败。

费边（约公元前280—前203年）被任命为当时罗马的独裁官，他下令放缓战争节奏，采取拖延战略，尾随汉尼拔之后，牵制和消耗敌人力量。费边的办法实际上很有效，但是敌人力量还没被耗尽，罗马人的耐心已经消失。费边的任期刚一结束，元老院立即推选主张速战速决的保卢斯走马上任。

公元前216年，保卢斯调集全国军队，在意大利半岛的坎尼发动了坎尼战役，决心一举击垮汉尼拔。汉尼拔虽然不熟悉意大利半岛的地理环境，却十分精通战术。靠着战术优势，迦太基以少胜多，打败了罗马。

▶ 汉尼拔

罗马人在自己的地盘上作战，自然不能轻易认输。他们坚守阵地，切断粮食输送通道，打算围困迦太基军队。虽如此，但是汉尼拔依然苦苦坚持，不肯放弃。公元前208年，汉尼拔盼来了自己弟弟带领的一支援军，但不幸的是，这支援军进入意大利后，还没来得及支援汉尼拔，就被罗马军队全部消灭。此后，战争双方僵持多年，始终没有结果。

到了公元前204年，罗马人不再直接跟汉尼拔对战，而是率军进攻迦太基。迦太基立即召回汉尼拔救援，但是汉尼拔在扎马战役惨遭失败。

▶汉尼拔大军翻越阿尔卑斯山

迦太基无力再战，再次求和，宣告投降。公元前 201 年，双方订立和约，迦太基被迫交出舰船（仅保留 10 艘），放弃所有的海外领土，还支付了一笔巨额赔款。

至于汉尼拔，他率军在外苦战多年，最终却是一场空。他本人也被迦太基流放，最后在罗马人的追杀下服毒身亡。迦太基不但战败，而且损失惨重，第二次布匿战争就此结束。

第三次布匿战争：迦太基灭亡

50 年左右的和平期过后，罗马人发动了第三次布匿战争。迦太基人顽强抵抗了 3 年，最终还是失去了家园。

布匿战争足足打了 100 多年，罗马人为此付出了无数生命与钱财，他们对迦太基人的仇恨也像是一颗种子长成了参天大树。攻陷迦太基城之后，罗马士兵大开杀戒，用一场大火毁灭了世界闻名的迦太基城，一部分俘虏（打仗时捉住的敌人）被杀死，另一部分俘虏被当作奴隶。

布匿战争于公元前 146 年画上句号，迦太基就此消失在历史长河中。

罗马人为什么能够在布匿战争中获得胜利呢？

历史学家提图斯·李维（公元前 59—公元 17 年）曾写下专著《罗马史》（拉丁语原名《建城以来史记》），他在书中提到，罗马拥有真正的共和体制，因此能够获胜。第二次布匿战争中最危急的时刻，罗马统治者把拉丁公民权广泛授予同盟地区的自由

▼地中海上的古罗马商船

民。在共和体制下，拥有公民权也就意味着具备参与政治的机会。因此，拉丁人以外的其他同盟者受到吸引，愿意为罗马出战。

罗马人不只对迦太基发动战争，公元前 215—前 168 年，他们还曾三次跟马其顿人作战，结束了安提柯王朝的统治，控制了整个希腊地区。公元前 192—前 188 年，罗马对塞琉古王国发动叙利亚战争，将势力扩张到小亚细亚。

公元前 2 世纪下半叶，罗马的势力极速扩张，成为地跨欧、亚、非三洲的强国。

罗马共和国晚期

罗马的版图逐步扩大，国力也越来越强盛。不过，连年战争劳民伤财，罗马国内的社会矛盾也日益激烈。

罗马的社会问题主要体现在两方面：

第一，外国农产品进入罗马，许多农民变成游民。

罗马原先的经济基础是"小农经济"，农民都是自由民，他们需要亲自耕种田地，拥有的帮手也十分有限。

不过，随着罗马不断占领更多的土地，特别是占领那些比意大利本土更适合产粮的地区，如非洲的古埃及和迦太基，这些产粮区的农产品也在不断地以超低价格进入罗马，从而摧毁了罗马的小农经济。外来农产品对罗马经济的冲击有多严重呢？根据古罗马的历史学家约瑟夫斯在约公元70年所讲的情况，古埃及管了罗马人一年中的4个月的粮食，而剩下8个月的粮食由北非粮食产地迦太基负责。当然这位历史学家忽略了西西里岛的粮食对罗马的帮助，但相对于罗马人原先生活的中心地区，那里也算是"外国"了。实际上，随着罗马的发展，越往后，罗马对古埃及和迦太基这两个大粮仓的依赖越严重。后来西罗马迅速衰落，和失去了古埃及这个大粮仓有直接的关系。

当然，这个过程是渐进的，在罗马迅速扩张的一开始，罗马本地农民只是受到外来农产品的冲击，还没有到被挤垮的程度。但是他们面临一个两难的困境：如果他们以原来的价格出售农产品，那么顾客一定不会买账；如果自愿降价，那么他们能够得到的钱实在太少，无法应对日常花销。

农民没有能力继续务农，只得把土地卖给有实力的贵族，自己则变成无家可归的游民。那些具备购买能力的人拥有了大量土地，开启了新的经济模式——"大庄园经济"。大庄园的所有者是贵族，他们不用亲自耕种田地，而是把耕田这种体力活交给大量的奴隶和少量的平民。到后来，即便是罗马的大庄园经济也竞争不过北非等地，当然那是后话了。

那么，贵族为什么不多雇用一些失去土地的农民呢？

前文提到，罗马人在战后把俘虏当成自己的奴隶，让这些人为自己劳动。跟农民一类的平民相比，奴隶是更低价的劳动者。大庄园主以获得利益为目标，会优先选择使用奴隶，其次才选择雇用失去土地的农民。

第二，罗马常年的对外战争，虽然给贵族带来了廉价的奴隶，但是让大量农民的土地荒芜了。因为士兵作战多年，无法经营土地，等他们退役，发现土地荒芜，自己陷入没有收入的境地。

罗马士兵跟今天的军人不同，他们原本大部分是农民，只是在战争时期外出打仗。战争结束后，士兵们发现自己的土地早已荒芜，失去了耕种的条件。再加上前面说到的问题，士兵们即便继续从事农业生产，结局也

多是不得不变卖土地，成为游民。

公元前2—前1世纪，罗马存在许多社会矛盾，主要包括：大庄园主和失去土地的农民之间的矛盾，奴隶主和奴隶之间的矛盾，元老院和返乡士兵之间的矛盾，罗马共和国和同盟地区的矛盾，等等。

以上矛盾逐渐爆发，罗马共和国在晚期始终处于乱世局面。

▼ 古罗马奴隶

格拉古兄弟改革：为了骑士阶级的利益

公元前133年，提比留·格拉古（公元前162—前133年）担任保民官。公元前123年和公元前122年，提比留·格拉古的弟弟盖约·格拉古（公元前153—前121年）连任两届保民官。格拉古兄弟推行了一场社会改革，希望缓和社会各阶层之间的矛盾。

当时，格拉古兄弟的支持者有平民，还有骑士等级的新贵族。骑士等级的新贵族有财富实力，但没有足够的社会地位，跟元老院那些拥有地位的老贵族产生了冲突。所以，格拉古兄弟的改革在一定程度上是为骑士等级的新贵族谋求利益的。

那么，格拉古兄弟是怎么做的呢？

他们的改革措施中有两点最为重要。

首先，罗马在占领西西里岛后，一度认为本国力量已经足够强大，于是不再向被征服地区的自由民授予公民权。格拉古兄弟提出，罗马应该广泛授予公民权，从而缓和罗马和被征服地区之间的矛盾。

其次，格拉古兄弟给失地农民分配土地，并把低价农产品卖给罗马的穷人，从而缓和穷人和富人之间的矛盾。

元老院的老贵族分成了两派，一派支持改革，一派反对改革。那些反对者最后杀害了两兄弟，并废除了大部分的改革措施。不过，罗马的平民仍然享有改革带来的一些好处。比如，罗马保留了救济平民的政策，底层穷人能够借助这一政策获得生存机会。

▼ 格拉古兄弟

格拉古兄弟改革失败后，农民的生存条件更加恶劣，进一步导致了罗马军队人数下降。这是因为在罗马，农民一直是士兵的主要来源，他们需要自己准备武器参军打仗。农民失去了土地，不再拥有购买武器的能力，也就无法参军打仗了。

马略改革：将军拥有私家军队

公元前2世纪末，罗马军事统帅盖约·马略（公元前157—前86年）在任执政官期间，实施了军事方面的改革。马略把公民兵制改为募兵制，让大批缺少钱财的平民加入军队之中。

公民兵制和募兵制有什么区别呢？

在古罗马，公民兵制要求公民须有一定财产资格才能参军服役；募兵制则是国家招募士兵，会为士兵准备武器，提供军饷。

马略的改革有效地扩充了士兵人数，可是，军饷又从哪里来呢？

元老院的贵族们不想负担这笔支出，但将军们愿意提供军饷。其实，将军并不是花自己的钱去养活士兵，而是靠带兵打仗的方式获取战利品，再把这些战利品发放给大家。

久而久之，共和国的国家军队变成了将军的私家军队，平民士兵不受元老院的管制，一心追随将军。假如将军和元老院之间有矛盾，士兵们会选择站在将军一边，甚至协助将军发动内战。

▲马略

罗马内战

公元前 2 世纪到公元前 1 世纪，罗马各个阶层的矛盾无法调和，爆发了一系列内战。

公元前 2 世纪，西西里岛的奴隶发动了一场起义，在西西里岛建立了自己的政府。不过，这场起义后来遭到罗马军队的镇压，以失败告终。

公元前 1 世纪初，罗马共和国与意大利同盟者的矛盾加深，爆发了一场内战。意大利同盟者帮助罗马扩大版图，并且正是由于他们的支持，罗马人才渡过了一次又一次的难关，取得了地中海地区霸主的地位。但是，意大利同盟者的地位并没有因此得到改善，不仅没有罗马公民权和土地，还要为罗马打仗，所以他们发动了反对罗马统治者的同盟者战争。罗马统治者镇压了这次内乱，也做出了相应的改变，同意把罗马公民权广泛授予意大利同盟者。

小知识

斯巴达克起义

罗马人有一项非常残忍的活动，就是强迫俘虏来的奴隶做"角（jué）斗士"，在固定的场所中进行搏斗表演。

角斗士跟今天的拳击或击剑运动员并不相同，他们的输赢与奖励无关，与生死有关。角斗士们要在竞技场上进行殊死搏斗，这给当时的人们带来野蛮的快感。

公元前 73 年，罗马的几十名角斗士成功出逃，不断接纳周边的奴隶，发动了古代历史上一场规模巨大的奴隶起义。

斯巴达克是角斗士的领袖，他多次率领队伍击败罗马军团，所以这次起义被称作"斯巴达克起义"。

角斗士的起义最终还是遭到了罗马军团的镇压，于公元前 71 年以失败告终。

斯巴达克起义虽然没有成功，但也沉重打击了罗马奴隶主阶层的统治，迫使罗马迅速调整奴隶主与奴隶之间的关系。奴隶主相对放松了对奴隶的压迫和剥削，在监督奴隶劳动的同时，也允许奴隶拥有一定的财产。

▼ 斯巴达克起义

结 语

公元前 8 世纪，罗马人在意大利半岛上建造了罗马城，开启了罗马王政时代。在这一历史时期，罗马城中的各部落彼此融合，演变为阶级社会。

公元前 509 年，罗马步入共和国时代，执政官和元老院共同掌握政治权力。为了缓和阶层矛盾，罗马贵族允许平民拥有自己的保民官，并颁布了《十二铜表法》。罗马的法律进步带动了司法进步，法庭中出现了法官、最高裁判官、辩护人和律师等新兴司法职业。

罗马人持续发动对外战争，征服了迦太基所在的西地中海地区，还控制了希腊地区和小亚细亚等东地中海地区。公元前 2 世纪下半叶，罗马成为地跨欧、亚、非的世界大国。

连年对外战争导致罗马共和国内部出现了社会问题，在乱世之中，格拉古兄弟的改革在一定程度上缓和了穷人和富人之间的矛盾。为了扩充士兵人数，马略将罗马军队的公民兵制改为募兵制，直接促使将军的实力越来越强。

公元前 2 世纪到公元前 1 世纪，罗马爆发了一系列内战。战争一方面加剧了罗马的乱世局面，另一方面也促使统治者做出变革。

第二章

罗马帝国

罗马帝国的建立

罗马共和国晚期，社会呈现一派乱世景象。军队镇压了多次内乱，统治者也针对各种问题推行了改革措施。不过，社会矛盾并没有得到根除，甚至元老院也无法有效处理国家事务。

为什么罗马共和国的社会问题如此顽固，连改革措施都失去了作用呢？

其实，一系列改革只解决了表面问题，没能触及根本问题。罗马的根本问题在于在城邦阶段建立的共和政治体制与辽阔的疆土并不匹配。同时，社会中也缺乏基本的公平。

▼古罗马广场遗址

政治方面，元老院人手有限，无法处理疆土扩张带来的繁多事务；社会公平方面，元老院成员一贯支持贵族对平民的剥削，加深了穷人和富人之间的矛盾。想要解决罗马的社会问题，关键在于通过改变政治基础来限制元老院的权力。

那么，谁具备对抗元老院的实力呢？

在马略的军事改革后，有几位将领变得实力雄厚，开始对抗元老院的统治。按照时间顺序来说，前一阶段最有实力的将领是克拉苏、凯撒和庞培，三人结盟，史称"前三头同盟"；后一阶段最有实力的将领是安东尼、屋大维和李必达，三人结盟，史称"后三头同盟"。

在同盟内部，各成员有时彼此友好，团结一致对抗元老院；有时互相攻击，获胜方控制罗马城，并利用元老院将失败方树立为"人民公敌"。

同盟的权力斗争带来两次大型内战，一次发生在前三头同盟的凯撒和庞培之间，另一次发生在后三头同盟的屋大维和安东尼之间。

接下来，我们主要就两次内战的获胜方展开讲述。

凯撒

凯撒（约公元前100—前44年）出身于贵族家庭，从小接受了良好的教育。他不但精通拉丁文和希腊文，写得一手好文章，还学习过法律和修辞学等多门学科。学习之余，凯撒阅读了各类历史和军事著作，长期参加军事和体育训练。

凯撒年轻时担任过很多官职，政治地位越来越高。他和同样掌握大权的庞培、克拉苏秘密结成前三头同盟，共同操控罗马的政治。

后来，凯撒出任高卢总督，获得了极高的军事成就。他征服了高卢大部分地区，击败了日耳曼人，并渡海侵入大不列颠岛。

凯撒的声望越来越高，庞培和克拉苏开始担心自己地位不保。渐渐地，前三头之间的关系从团结一致变成了互相竞争。为了跟凯撒相匹敌，克拉苏在公元前53年发动对外战争，打算征服帕提亚帝国。但是事与愿违，最终他战败身亡。前三头同盟只剩下两头对峙，元老院决定扶持庞培，剥夺凯撒的权力。

▲凯撒

凯撒明明带兵有功，元老院为什么做出这样的决定呢？那是因为凯撒站在骑士阶级新贵族一边，反对元老院的旧贵族。

公元前49年，元老院命令凯撒停止执行公务，解散军队，返回罗马城。凯撒要是不奉命，就会被列为"人民公敌"。

按照当时的规定，在外征战的军官通常必须在渡过罗马城北方的卢比孔河前解散军队。如果将领带大队人马一同渡河南下，那么人们会认为他打算对罗马城开战。

凯撒来到卢比孔河时，对手下的士兵说了一句话："骰（tóu）子已被掷下。"他这句话的意思是，大局已定，军队必须继续前进。

在马略军事改革之后，负责给士兵们发军饷的是各位将领。出于这种原因，凯撒的手下全都服从他的安排，向罗马城中的元老院开战。庞培和元老院的成员们怎么也想不到会出现这种局面，他们来不及调兵应对，仓皇逃到了罗马城外。

▼凯撒率军渡卢比孔河，进攻罗马城

▲凯撒遇刺图

凯撒轻而易举进入罗马城，要求留在罗马的元老们推举他做独裁官。之后，凯撒几次对战庞培，最终赢得胜利，成为罗马的大独裁者。

掌握大权之前，凯撒早已认识到国家中出现了三个极其严重的问题：第一，政府失去了控制国家的能力，罗马城以外的各个行省逐渐变成了独立王国；第二，罗马人过去依靠共和体制和法律来治理国家，现在一切听从军事将领的安排；第三，贵族们只维护自己的利益，平民越来越贫困。

为解决这些问题，凯撒对国家进行了一系列改革。针对国家内部，他在罗马城建立了强大的中央政府，委派中央官员直接管理地方行省，规定了行省总督的任职权限，并且还扩大公民权至部分行省；针对国家外部，他凭借独裁者的强硬手段来维护共和国的疆土。

凯撒的改革措施很有价值，但是不可避免地触犯了贵族群体的利益。公元前 44 年，凯撒不幸被元老院成员杀害。

凯撒过世后，他的养子屋大维继承了他的政治遗产。

屋大维

公元前43年，屋大维与凯撒的部将安东尼、骑兵长官李必达结成了同盟。他们联合起来，清除了反对凯撒的元老院成员，重新控制了罗马。

在此之后，李必达被架空，退出政坛，安东尼得到古埃及托勒密王国的支持，对屋大维发动了权力斗争。屋大维最终赢得了胜利，并且结束了托勒密王国的统治。

公元前27年，屋大维被授予"奥古斯都"的尊号（"奥古斯都"在拉丁语中的意思是"神圣的、至尊的"），开启了罗马帝国时期。

屋大维成为大独裁者后，不仅把政权、军权和神权都集中在自己手中，还先后获得终身保民官和执政官等职务权力。

▲屋大维

对内政策

屋大维比凯撒的权力更大，统治罗马的时间长达40多年，因此拥有相当高的威望。与凯撒不同的是，他做事非常谨慎，很少跟元老院或高官发生直接冲突。

屋大维表面上维持了共和体制，但实际上对政治基础进行了多方面的改革：

● 政治方面，为了加强和巩固独裁统治，他对当时的社会等级进行了重新调整。

● 军事方面，他建立常备军，安排军团士兵驻扎在行省和边疆。他还建立了近卫军，以保卫罗马。他独揽军权，以军队作为其对内实行独裁统治、对外进行扩张侵略的工具。

● 宗教方面，罗马当时的大祭司去世后，屋大维担任了这一最高神职，并且把自己塑造为神。另外，屋大维把宗教当作统治国家和稳定社会的工具，大力支持罗马传统宗教的传播。

在屋大维的统治下，长达一个多世纪的内战终于画上了句号。此后，罗马社会步入长久的繁荣时期，史称"罗马和平"。

◀ 屋大维执政

对外扩张

屋大维执政前后，罗马人通过战争极大地扩张了疆土，具体情况大致如下：

● 向西，罗马征服了高卢和今天西班牙所在的地区。

● 向北，罗马侵入莱茵河和易北河之间的地区，建立了日耳曼行省。公元9年，罗马军队败给了日耳曼人，接受了以莱茵河作为西北部边界的现实，停止向北扩张。

● 向东，罗马控制了亚美尼亚，并将幼发拉底河定为罗马和帕提亚的界河。

● 向南，罗马征服了古埃及等一些非洲的国家和地区。

1—2世纪，罗马帝国处于全盛时期，疆土十分辽阔。在罗马人的统治下，地中海周边地区发展繁荣。

▼古罗马军旗

罗马帝国的政治和管理

罗马帝国的政治

早在罗马共和国时代，罗马城主要的政治机构和行政官有元老院、执政官和保民官等。在罗马城以外，广大地区被划分为多个行省，各个行省的最高官员是总督。

从共和国时代到帝国时期，罗马疆土不断扩张，出现了一系列政治问题。

在中央，元老院权力越来越大，办事效率却很低。

执政官、保民官和总督的任职时间有限，但元老院成员的在位时间却不受约束。久而久之，元老院拥有的权力越来越大。随着疆土扩张，国家事务日益繁多，元老院成员本应运用权力解决问题，但是他们人手有限，因此办事效率很低。

在地方，元老院拥有实际的控制权，总督的权力逐渐强大。元老院成员是来自各个行省的贵族，而他们又拥有任命总督的职权（甚至本身就担任总督），因此势力范围相当广阔。

罗马疆土不断扩张，各行省的总督需要持续应对内部叛乱和外敌入侵问题，因此任职时间一再加长。

为解决中央和地方的矛盾，凯撒和屋大维先后推出了几项改革措施。

凯撒把元老院成员数量增加到900人，而这些新增的人大多是他自己的支持者。凭借这种方式，凯撒加强了自己的权力，削弱了元老院的权力。

屋大维改革的目的同样是削弱元老院的力量，不过他的手段相对温和一些。屋大维把执政官和保民官的权力集中到自己手中，并且把这两种职务变成了终身制（在屋大维之后，历代罗马皇帝都拥有这两项权力）。凭借保民官的权力，屋大维能够反对元老院的决策。另外，屋大维首创了行省分治模式，把行省分成元首省和元老院省，他可以直接任命元首省的总督，从而削弱了元老院对地方的控制权。

元老院势力不再，但并没有被解散，甚至始终存在于帝国时期。所以，帝国时期的罗马实际上实行了皇帝、元老院双权力中心制度。事实证明，这种政治制度更适合幅员辽阔的罗马帝国。罗马皇帝能够通过手中巨大的权力解决社会矛盾，避免内乱发生。

不过，权力越大，责任越大，对皇帝来说也是一种考验。假如皇帝治国无方，将会导致整个国家走向衰败。

公元96—180年，罗马的"五贤帝"（五位贤明帝王）先后掌握大权，他们谦虚仁爱，心怀臣民，创造了屋大维之后的又一个盛世。五贤帝中的最后一位是奥勒留皇帝，他把皇位传给了自己的儿子康茂德。康茂德能力不足，对臣民相当残忍，从此罗马帝国走向衰败。

罗马帝国的管理

罗马帝国幅员辽阔，众多被征服地区有着各不相同的自然条件和风俗习惯。罗马统治者不是用一套办法管理整个国家，而是根据各地区的情况实行多种管理办法。

具体来说，罗马城是罗马帝国的中心，以中心向周边发散，被征服地区主要可以被划分为三大类。针对这三类地区，罗马统治者采取了不同的管理方式。

第一类，希腊化地区，包括今天的希腊、小亚细亚地区、美索不达米亚部分地区、北非和非洲东北部的埃及等。

希腊化地区和罗马城在地理位置上很接近，两地自然条件和文化特征也比较相似。在崛起之前，罗马人一直仰慕、学习希腊文明。

罗马统治者对希腊化地区的管理比较宽松，允许当地人维持过去的语言和生活习惯。

希腊化地区中的北非地区，其实就是迦太基曾经所在的地方。布匿战争结束约 200 年之后，罗马人在北非地区开展了大规模建设。新建成的城市依然被称作迦太基，那里自然条件良好，农业发达，成为罗马帝国的大粮仓。

第二类，罗马帝国的西部和北部地区，包括今天的北非西部、伊比利亚半岛、法国、英国和多瑙河流域的中欧地区（如德国）等。

在今天，英国、法国和德国等欧洲国家是世界闻名的发达国家，但在罗马帝国时期，当地的原住民文明程度相对较低，甚至没有成熟的文字。正如罗马人曾经仰望希腊文明，帝国时期的西部原住民也同样仰望着罗马文明。出于这种原因，第二类地区的人们愿意向罗马学习，用罗马制度管理城市，用拉丁语进行交流。直到现在，这些地区的部分人的母语依然与拉丁语有着千丝万缕的联系。

罗马人在第二类地区投入了大量资源，开展城市道路和水利设施等大规模建设。很多欧洲现代的著名城市都形成于罗马帝国时期，比如法国巴黎、英国伦敦、德国科隆等。如果你去欧洲游玩，就可以观赏古罗马时代的遗迹，例如法国境内的加尔桥。

第二类地区被罗马统治的时间较短，边境地带有时会遭到外部"蛮族"（古希腊人和古罗马人对国境外其他民族的轻蔑称谓）骚扰，所以

罗马统治者安排了大量士兵去平定内乱，抵御外敌。当时英格兰地区的人口不算多，但罗马还是派出了6万名士兵在那里驻扎。

第三类，一些距离罗马城相对遥远的地区。

第三类地区的文明水平比较落后，罗马人没有在当地开展建设，投入的资源也比较少。罗马统治者不要求当地人学习罗马的文化，所以第三类地区在认同帝国统治的基础上，仍然维持了原有状况。当然，罗马文明在帝国的各个地区都得到了广泛传播，在一定程度上提升了第三类地区的文明水平。

总之，罗马帝国的政治体制与辽阔疆土相匹配，统治者的管理措施行之有效，因而各地区基本上认可了帝国的统治。

▼加尔桥

罗马语言的地位

拉丁语是罗马人的母语，随着罗马帝国疆土扩张，这门语言成为当时世界上的主流语言之一。

从罗马帝国时期到17世纪，拉丁语在欧洲广泛使用，同时也是学者们撰写著作时的首选语言。英国物理学家牛顿写过一本名叫《自然哲学的数学原理》的著作，这本书先有拉丁语版本，后来才被翻译成英语。

18世纪，法国国王路易十四把法国发展为世界强国，此后，法语取代拉丁语成为欧洲最流行的语言。当时欧洲其他国家的王室成员也以说法语为风尚，比如俄国沙皇。而法语其实也与拉丁语存在一定的亲缘关系。

19世纪末之前，学生们只有学会拉丁语，才能阅读各个学科的拉丁文著作。所以，当时美国大学的主要课程就是拉丁语。

今天，很多西方国家的学校中仍然开设拉丁语课程，但几乎没有人用这门语言进行日常交流了。

▼古罗马斗兽场上的拉丁文铭文

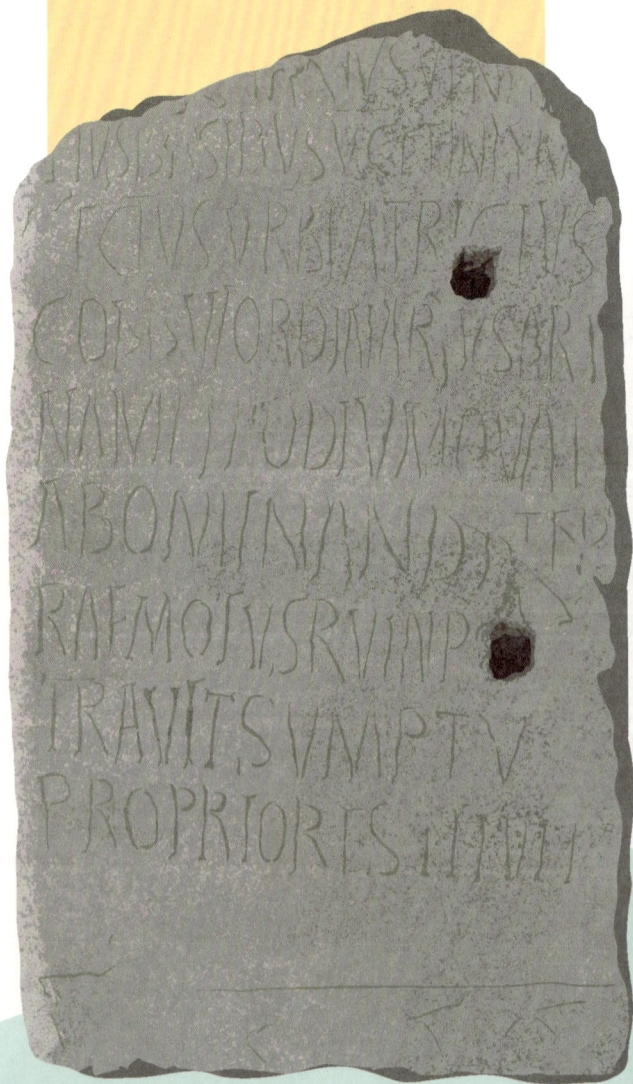

罗马帝国的城市建设和经济成就

罗马帝国征服地中海周边地区之后，进入罗马和平时期。1—2世纪，帝国各地区的经济发展取得了巨大进步。

在前文提到的第一类地区，人们建造了迦太基等大城市。

在第二类地区，一些部落首领和罗马人成为当地的贵族阶层，一同帮助帝国统治者管理偏远地带。罗马的士兵守卫疆土；官员建设城市；商人来往于罗马城和第二类地区之间，他们发展贸易，开采矿产，鼓励原住民种植小麦、橄榄和葡萄等农产品，促进当地的经济和文化发展。

条条大路通罗马——罗马帝国的交通运输

人们常说"条条大路通罗马"，这句话的原意是去往罗马的道路有很多条，现在用来比喻采取不同的办法做事，能够达成同样的效果。

那么，这句话是怎么来的呢？

为了管理国家，促进贸易和交流，罗马帝国以罗马城为中心，向四面八方广泛修建道路，形成了大规模、高规格的国家交通网络。所以，人们无论选择哪一条路，都能顺利抵达罗马城。

罗马的交通网络分为两种，一种是全国性的主干道网络，另一种是地区性的道路网络。有一条路与北非海岸线平行，许多支线直插入南方，商人、士兵通过这些支线可以深入撒哈拉沙漠。该条路全长达到了4800千米，比往返北京和广州的一趟路程还

49

要长。学者们估计，罗马道路的总长度远远超过了8万千米。

罗马道路不仅路程长，而且质量高。罗马人不仅制定了严格的道路建造标准，还拥有相当杰出的铺路技术。罗马全国性的主干道宽阔平坦，是当时名副其实的"高速公路"。

全国性的主干道由石头铺设而成，中央车道有6～8米宽（相当于今天的两条机动车道的宽度），两侧人行道宽度各有3米左右。中央车道有三层基石，路面中间高于两侧，这种设计是为了雨天让积水向两边的排水沟流淌。

跟主干道相比，地区性的道路规格没有那么高，但也有两三米宽。地区性的道路非常多，人们可以通过这些道路，顺利抵达各个城镇和村庄。

有了便捷的交通网络，罗马人进一步发展起邮政系统。人们可以通过邮政系统传递公文及私人物品，信件传递速度达到了80千米/天。如果有人从巴黎寄信到罗马，收信人大约会在20天后收到信件。

罗马道路的修建带来了商业的

▼古罗马道路剖面图

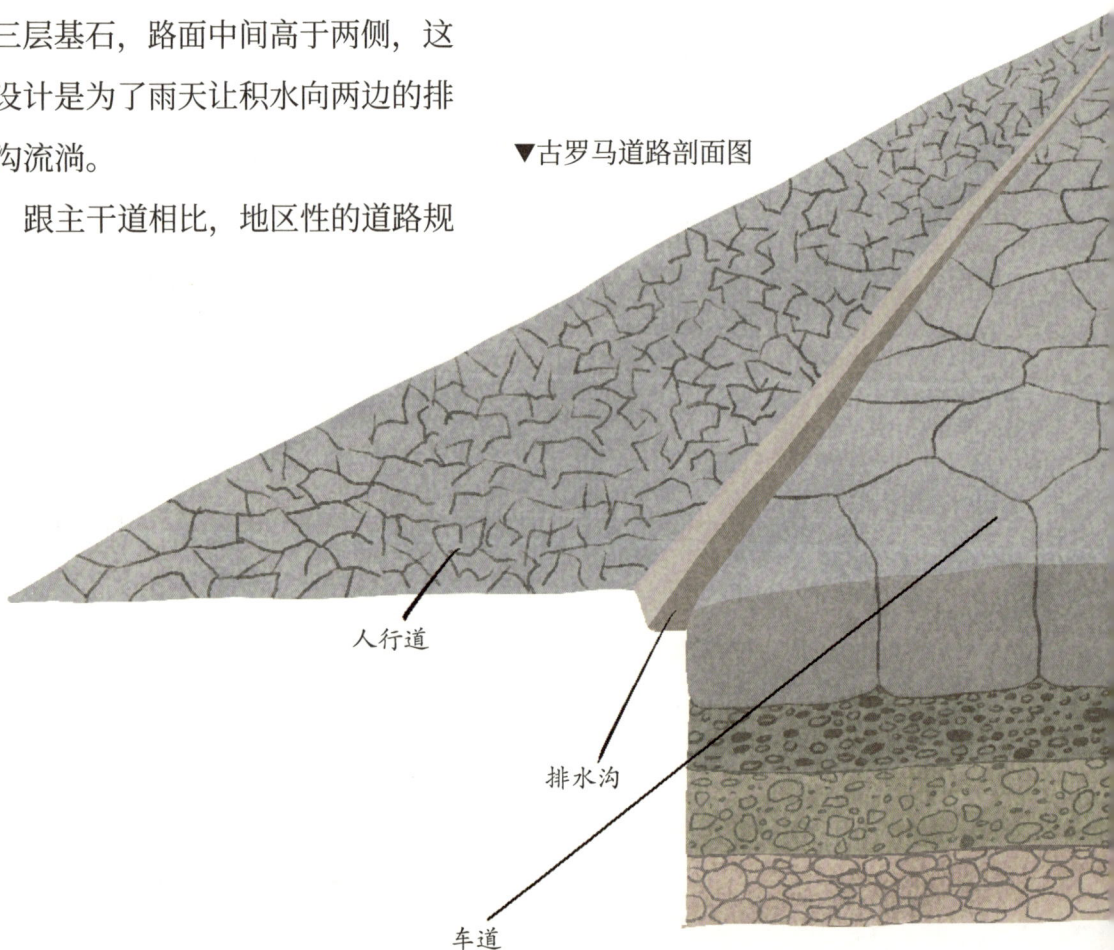

人行道

排水沟

车道

发展，促进了帝国经济的繁荣。罗马经济原本以农业为主，到了帝国时期，商业变得越来越重要。一部分农业也跟商业产生了关联，有些农民耕种田地不是为了养活自己，而是为了出售农产品换取更高的收益。

罗马商人利用交通网络来往于帝国各地区，他们贩卖的商品种类丰富，比如罗马城中陶器一类的手工业制品，希腊地区的橄榄油和葡萄酒，地中海东部地区的水果、坚果和羊毛纺织品，古埃及和北非的谷物，以及伊比利亚半岛的金属和马匹，等等。

除了陆地交通网络外，罗马人还拥有海洋运输方面的优势。1—2世纪，大部分罗马人居住在地中海周边地区，他们持续发展海洋长途贸易，不但在地中海和红海一带建设了许多港口和仓库，还把生意做到了印度，甚至间接地跟中国发生了商业来往。

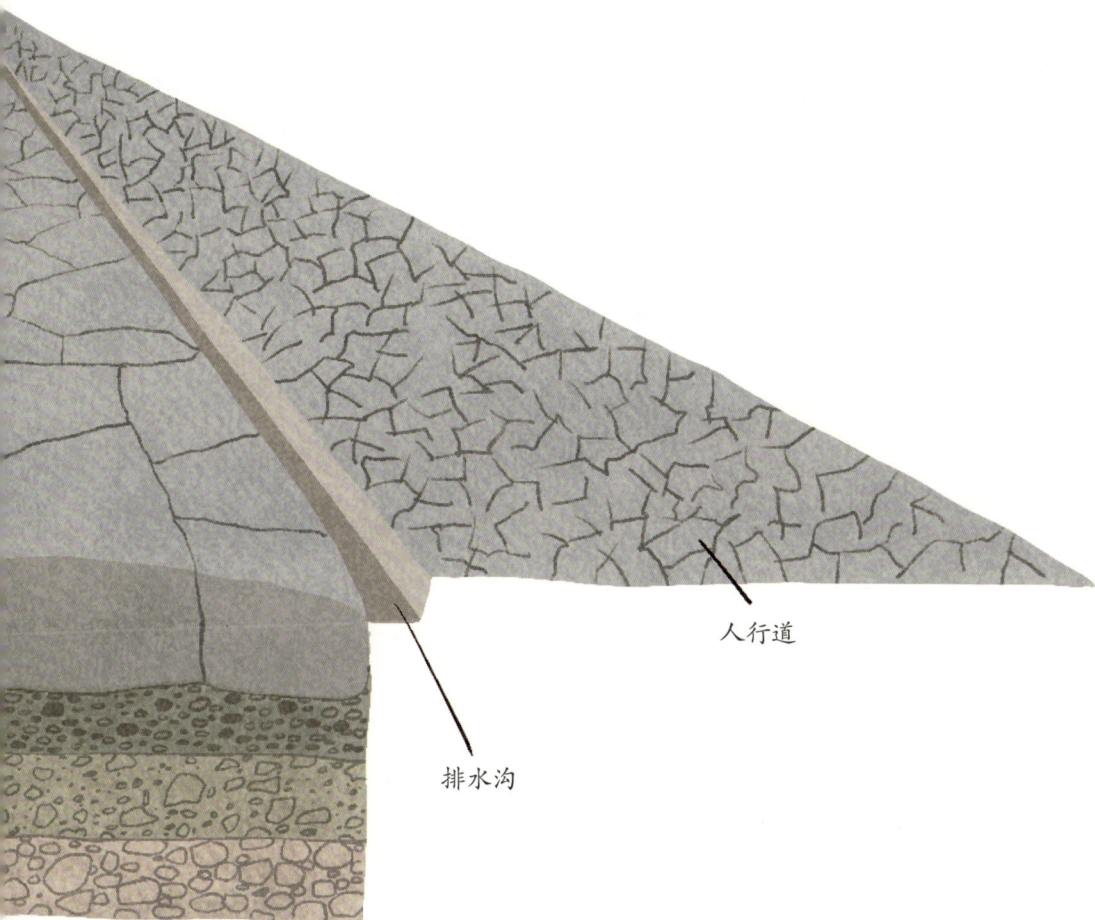

人行道

排水沟

▲古罗马浴场

繁荣的城市和发达的水利工程

罗马帝国时期，大城市日益繁华，农民纷纷移居到城市。当时，罗马城是世界上人口最多、经济最繁荣的城市之一，大量钱财、商品、精英和能工巧匠都涌入了这座城市。

罗马城有良好的供水和排水系统，居民的生活水平相当高。如果你是帝国时期的罗马城居民，那么你很有可能比其他地区的居民拥有更高的收入水平。

在日常生活中，你可以通过引水渠享受附近的山泉水，在富丽堂皇的浴场里泡澡，去运动场或竞技场观看比赛，还能到剧院中欣赏戏剧。

罗马人在各地修建了许多大型水利工程，除了前文提到的引水渠，还有水坝和蓄水池等设施。修建这些工程不完全是为了农业生产，更多是为了保证城市居民的生活使用。

罗马人还在伊比利亚半岛上修建了很多大坝，他们的工程技术经得住时间的考验，有些大坝至今仍在使用。

工商业和金融

随着经济水平日益提升，罗马人的社会分工变得越来越细致，职业种类也逐渐增多。各行各业的从业者纷纷建立了自己的行业协会，他们的职业水准也越来越高。

根据史料记载，仅罗马城的手工行业就达 80 余种。其中，渔业、盐业、榨油（橄榄油）、金银加工、运输和采石等行业的从业者会严格培训工匠，他们创建了相应的行业协会或贸易行会。

罗马帝国时期，农业已经形成了体系，也就是说，农场主会像工厂主那样雇用他人进行劳作。

城市里最发达的行业是纺织业和服装制造业。全国各地的人们都具备制造服装的能力，同时也都会从市场上购买各种纺织品和衣物。商人在售卖时会采取一些方式注明服装产自哪个城镇，这么一来，早期的品牌和商标就诞生了。

工商业的繁荣带动了金融业的发展。什么是金融业呢？简单地说，金融业就是"用钱赚钱"的行业。

当时罗马有一种很常见的经济活动，有钱人或神庙会把钱财借给有需要的商人，到了约定的日子，他们不仅能收回本钱，还能收到作为回报的利息，这就实现了用钱赚钱的目标。在金融业中，人们把这种经济活动称作"商业借贷"。

你有没有在银行存钱的经历呢？假如你把一笔钱在银行里存放一段时间，会收到一定的利息。你有没有思考过，银行为我们提供了保管钱财的服务，为什么我们不仅不用付费，还能拿到更多的钱呢？

其实，这是因为银行把我们的存款借给了有需要的人，然后向借款者收取利息，并把其中的一部分返还给了我们。

银行是什么时候出现的呢？

在罗马帝国时期，有些人会把大家的钱集中到一起，进行商业借贷活动，这样的组织在一定程度上可以算作早期的银行。我们可以把借款的人称为借款者，把放款的人称为贷款者。

对于钱财数额不大的商业借贷，罗马人大多数时候只进行口头约定，但有时也会签订非常严格的书面合同。签订书面合同时，借贷双方需要

▼古罗马市集

54

在他人的见证下签署。合同一共有两份，一份被密封保存，防止内容被修改；另一份可被随时取用，供双方查看和计算利息。

对于钱财数额比较大的商业借贷，借款者可以将自己的房屋或未来的农作物收成等物品作为抵押。也就是说，当借款者选择抵押借贷的方式之后，如果他无法如期归还借款，那么贷款者有权收回他的抵押物品。

由于商业借贷活动十分常见，借贷合同等凭证也可以供人们买卖。人们为什么要买卖借贷凭证呢？当某位贷款人急需用钱时，他可以把没到约定期限的借贷凭证低价出售，从而及时换得钱财。在这样的经济活动中，借贷凭证变成了金融业中所说的有价证券。

罗马政府通常不参与贷款，不过也有例外的时候。比如，某位皇帝曾经向元老院成员发放三年免除利息的贷款，目的是缓解当时的金融问题。再比如，罗马政府曾经向私人银行提供了一笔贷款，用来缓解货币紧缺的问题。

小知识

罗马的货币

罗马政府用金、银和青铜铸造官方货币，并在全国范围内推广流通。罗马货币的价值与货币金属本身的价值并不相等，所以，这种货币既不是金属货币，也不是纸币，而是一种介于两者之间的货币。

▲罗马帝国时期的货币

影响深远的罗马法

德国法学家耶林（1818—1892年）曾经对罗马的法律做出这样的评价：古罗马一共三次征服世界，第一次用武力，第二次用宗教，第三次用法律（罗马法）。其中，罗马法对世界的征服最为持久，也最为和平。

那么，罗马法究竟有什么样的优点？它为什么能让被征服地区的人们产生普遍、长期的认同呢？

罗马法的优越之处

与世界早期文明中其他国家和地区的法典相比，罗马法的优越之处主要体现在三个方面。

第一，法典内容的分类更具体、更合理

罗马人对法律进行了"公法和私法"，以及"人法和物法"的区分。

● 公法和私法

当你浏览法典条文时，你会发现有些内容与人民集体的公共利益有关，比如某人损坏了引水渠一类的公共设施，应该如何责罚，等等；有些内容跟少数人的私人利益有关，比如张三损坏了李四的田地或其他物品，应该如何判决，等等。与公共利益有关的法律，被称作"公法"；与私人纠纷有关的法律，被称作"私法"。

罗马法是最早把公法和私法区分开来的法律，在此之前，世界上的其他法典条文公私混杂，没有明确的区分。

私法的运用方式比较简单，原告（受到伤害的一方）提起诉讼，法官凭借私法规定对被告（施加伤害的一方）做出判决。公法中受到伤害的一方则通常不是某个人，而是一个集体，甚至是全国百姓。那么，谁来担当原告呢？罗马人创造性地提出了"公诉人制度"，也就是说，某个公诉人作为集体代表担当原告，将损害公共利益的被告告上法庭。

● 人法和物法

人法和物法是罗马私法的主要内容。人法指的是跟"人"有关的法律，它规定了罗马人的权利和义务。罗马

法的人法中提到，罗马除奴隶外的任何自由人都享有自由权、公民权（包括选举的权利、拥有财产的权利和缔结婚姻的权利等），以及家庭中的相关权利（在罗马，父亲是家庭中权力最大的人）。需要注意的是，公民权原本是罗马城公民的特权，212年在全国普及。

与人法相对，物法指的是跟"物"有关的法律，它对人们的物品归属、借贷和财产继承等问题做出了相关规定。比如，物法提出私人的土地和财产受到法律保护，他人不得分享或占有；人们必须遵守合同文书，如期偿还债务等。

第二，罗马法的适用范围十分广泛

罗马法原本只适用于罗马公民，但随着罗马对外扩张以及国际交往和商业的发展，罗马公民同外邦人和被征服地区居民在法律上的矛盾和纠纷日益增多，于是适用范围更广的万民法便出现了。万民法实际上是罗马统治范围内的国际法。

第三，罗马法的生命力持久，长期适用

如果法典条文经常发生变化，那么百姓就会认为法律不值得信赖，无法成为大家做事时的参考准则。可是，随着罗马疆土逐步扩张，各种新状况接连出现，假如官员不修改法律，又该怎么让百姓遵守规则呢？

针对这一问题，罗马人有着十分明智的解决办法。他们不修改法典，而是通过对法典条文做出新解释的办法来维持法律的长期适用。一开始，解释法律的权力归执政官所有，但是人们很快发现执政官的权力过大，容易引发其他问题。于是，罗马出现了专门研究和解释法律的人，也就是最早的法学家。

小知识

权利、义务是什么呢？"权利"的意思是权力和利益，而"义务"指的是应尽的责任。

举例来说，我们中国现在的法律条文有这样的规定：照顾年迈父母是每个人的义务，也就是大家必须尽到的责任；儿童、青少年有权利接受九年义务教育——接受教育既是我们的权利，也是我们的义务。

罗马法的发展历程

在《十二铜表法》的基础上，罗马法不断得到革新和发展。

共和国晚期，罗马人西塞罗（公元前106—前43年）在政治学、法学、哲学和修辞学方面都有很高的成就。他写下专著《论法律》，强调一切事务都要以法律作为准则。西塞罗为罗马法提供了可靠的理论基础，因此被称作"罗马法的第一理论家"。

1—3世纪，罗马先后出现5位著名的法学家，他们被称作"五大法学家"。法学家们各自编写著作，继承并发展了西塞罗的学说，进一步完善了罗马法的理论体系。

到了6世纪，东罗马帝国查士丁尼大帝（483—565年）任命大臣组成委员会，系统地编纂罗马帝国的法律。他主持编纂的法典、法学著作被合编为工业革命前世界上规模最大、内容最系统的法律专著——《罗马民法大全》。《罗马民法大全》在上千年中持续影响着西方社会。

▲西塞罗

▲查士丁尼大帝

罗马的社会结构和哲学思想

罗马的社会结构

在罗马人的家族中，除了家庭成员，还有拥有自由的仆人，以及一些失去自由的奴隶。根据罗马法，男性家长在家族中拥有最高权力，他们可以决定子女的婚姻，也可以买卖和处置奴隶。不过，女性是家族的实际管理者，年长的女性掌握了较高的权力，她们虽然无法继承财富，但是能够管理和处置家庭财产，并且能够对子女的婚姻发表意见。

在罗马社会中，原有的社会阶层主要分为贵族、平民和奴隶。随着经济水平提升，社会上逐渐出现了新兴的富裕阶层，也就是人们所说的新贵族，这一群体主要由商人和地主等构成。

罗马贵族住在宫殿般的高档居所中，平日里享用各种美味佳肴，有时还会举办豪华的宴会。相比较来说，平民的日常饮食简单得多，他们主要吃蔬菜和燕麦粥，偶尔能吃到鱼肉、猪肉，以及鸡蛋和鸭蛋等。

▼古罗马女仆照顾主人

罗马的哲学思想

斯多葛学派

罗马人继承了希腊哲学思想，尤其发扬了希腊化时代"斯多葛学派"（或称"斯多亚学派"）的种种哲学观点。

斯多葛学派的创始人是希腊哲学家芝诺（约公元前336—约前264年），他的学说在罗马得到了更多学者的继承和发展。

在斯多葛学派的学者看来，人之所以无法获得幸福和满足，并不是因为能力有限，而是因为想要的东西太多。如果人们想获得幸福，就应该顺从命运的安排，减少期望。另外，斯多葛学派的学者认为人类是自然的一部分，应该努力与自然和谐相处，所有人组成了人类共同体，人们不应做出文明人和野蛮人一类的区分。

前文提到的法学家西塞罗同时也是一位哲学家，他认为世间万物都受到了自然规则的约束。人与自然和谐相处的方式是追求道德和真理，用理智克服不足，培养伟大崇高的精神，并致力于维持社会公正。

罗马"五贤帝"中最后一位皇帝奥勒留（121—180年）十分推崇斯多葛学派思想。奥勒留出身于贵族家庭，自幼聪慧过人。他在位时间大约有19年，其间帝国内部天灾不断，边疆时常有"蛮族"骚扰。为了维持帝国和平，奥勒留在行省和边疆地带的军营里度过了大部分时光。

工作和征战之外，奥勒留将日常思考记录下来，形成了体现斯多葛学派思想的著作《沉思录》。他在书中推崇斯多葛学派的为人方式：人应该节制欲望，顺从命运，宽容待人，为社会服务。

▲奥勒留

伊壁鸠鲁学派

哲学家伊壁鸠鲁（公元前341—前270年）出生于希腊地区萨莫斯岛，他在雅典招收弟子，创立了伊壁鸠鲁学派。相传，伊壁鸠鲁学派居住在与外部隔绝的花园中，所以这一学派的学者又被称作"花园哲学家"。

伊壁鸠鲁学派提出，人们不应该花费精力去追逐地位和利益，而应该努力追求快乐。感官的享乐是暂时的，而精神的快乐是永恒的。

不过在罗马帝国时期，上流人士把伊壁鸠鲁学派思想扭曲成了纸醉金迷的享乐主义。实际上，伊壁鸠鲁学派思想和享乐主义有很大的区别，它恰恰希望人们克制自己的欲望，从而保持心态平和，达到快乐的目标。

结 语

罗马共和国末期，政治体制与辽阔疆土不再匹配，社会矛盾无法得到有效解决。凯撒和屋大维是罗马的两位将领，他们先后在"前三头"和"后三头"的竞争中获得大独裁者的地位，对罗马展开了一系列政治改革。

屋大维改变了罗马的政治基础，对元老院形成有力的制约，由此开启了罗马帝国时代。在他的统治下，帝国疆土幅员辽阔，众多社会矛盾得以解决，罗马进入长时间的和平阶段。

罗马帝国时期，统治者把被征服地区划分为三类，根据各类地区情况采取相应的管理办法，得到了各地百姓的广泛认同。

人们常说"条条大路通罗马"，罗马人在全国范围内修建了许多高规格道路，在此基础上发展了邮政系统和贸易行业。另外，他们还建造了不少大城市，又为城市居民修筑了引水渠、水坝和蓄水池等。

罗马人的社会分工很细致，许多劳动者拥有自己的行业协会。商人们频繁进行商业借贷活动，大力发展了金融业。

罗马曾经三次征服世界，而罗马法对世界的征服最持久、最和平。统治者和法学家不断推动罗马法发展，使得法典具备分类合理、适用范围广泛的优势。

在罗马社会中，男性比女性拥有更高的权力。罗马社会结构基本可以分为贵族、平民和奴隶 3 个阶层。

罗马人继承了希腊哲学成果，推崇斯多葛学派和伊壁鸠鲁学派的学说思想。

罗马帝国在开始的 3 个多世纪里，缔造了西方世界的一个文明高峰。到了 395 年，罗马皇帝狄奥多西一世（347—395 年）在临终前把辽阔的帝国划分为东、西两个部分，分别交给两个儿子来继承。长子阿卡丢统治东罗马帝国（又称"拜占庭帝国"），以君士坦丁堡为首都；次子霍诺留统治西罗马帝国，名义上的首都仍然是罗马城，实际上的首都是拉韦纳（位于今天意大利的东北部）。476 年，西罗马帝国在日耳曼人的打击下灭亡，标志着罗马帝国时代的结束。1453 年，东罗马帝国被壮大于小亚细亚地区的奥斯曼帝国所灭。